拝啓 岸田文雄首相
家庭連合に、解散請求の要件なし

国際弁護士
中山達樹
Nakayama Tatsuki

光言社

目次

【本書の概要】

世界平和統一家庭連合（旧統一教会、以下「家庭連合」）の解散命令請求に関して、本書を通じて主張する内容は、以下のとおりです。

一、総論

宗教法人法81条1項の解散事由を満たさず、組織性・継続性・悪質性のいずれもない。したがって、解散命令の請求は認められない。

二、厳格な解散要件

戦前の宗教迫害への反省に基づき成立した宗教法人法の制定経緯と信教の自由（憲法20条）の重要性に鑑み、宗教法人の解散事由は、他の法人の解散に比べて厳格に解釈される。

(1)「著しく」「明らか」「必要でやむを得ない」

宗教法人法81条1項1号は、「著しく」公共の福祉に反することが「明らか」という文言を用いて、他のいかなる法人にもない、最も厳格な解散の要件を定めている。オウム真理教最高裁判決でも、「必要でやむを得ない」という極めて慎重な理由に基づき解散命令が下された。

(2)「法令」には民法を含まない

会社法や一般社団・財団法人法の解散事由は、「刑罰法令に触れる行為をした場合」である。会社法等が「刑罰法令」違反に限定しているのに、より厳格に解釈されるべき宗教法人の解散で、広く不法行為を含むのは著しく均衡を欠く。

それゆえ、宗教法人法81条1項1号の「法令」には民法を含まない。これが確定した判例である（オウム真理教高裁決定、平成7年12月19日）。約30人を殺害したオウム真理教よりも、家庭連合に対して解散要件をより広く解釈することはできない。判例に反する判断は国民の予測可能性を奪い、信教の自由を侵害する。

三、「組織性・継続性・悪質性」の３要件を満たさない

⑴ 組織性なし

信徒個々人の行為が法人の解散につながるわけではない。法人が組織的に非違行為を行った場合に初めて解散につながり得る。その「組織性」の判断基準は、「代表役員等（幹部）が信徒等の行為を利用」することである（オウム真理教高裁決定）。しかし、家庭連合のどの幹部も信徒の行為を利用していない。家庭連合に関する過去の裁判例（民事・刑事）も、いずれもこの組織性を認めていない。

⑵ 継続性なし

家庭連合が２００９年にコンプライアンス宣言をした後、紛争はほとんど発生していない。コンプライアンス宣言後の献金に関し、和解で終わった3件と判決１件（判決額５２０万円、及び一部和解額１４０万円）を除けば、過去14年、一つも裁判は提訴されていない。２０１６年3月以降の最近7年間、裁判は一つも提訴されていない。

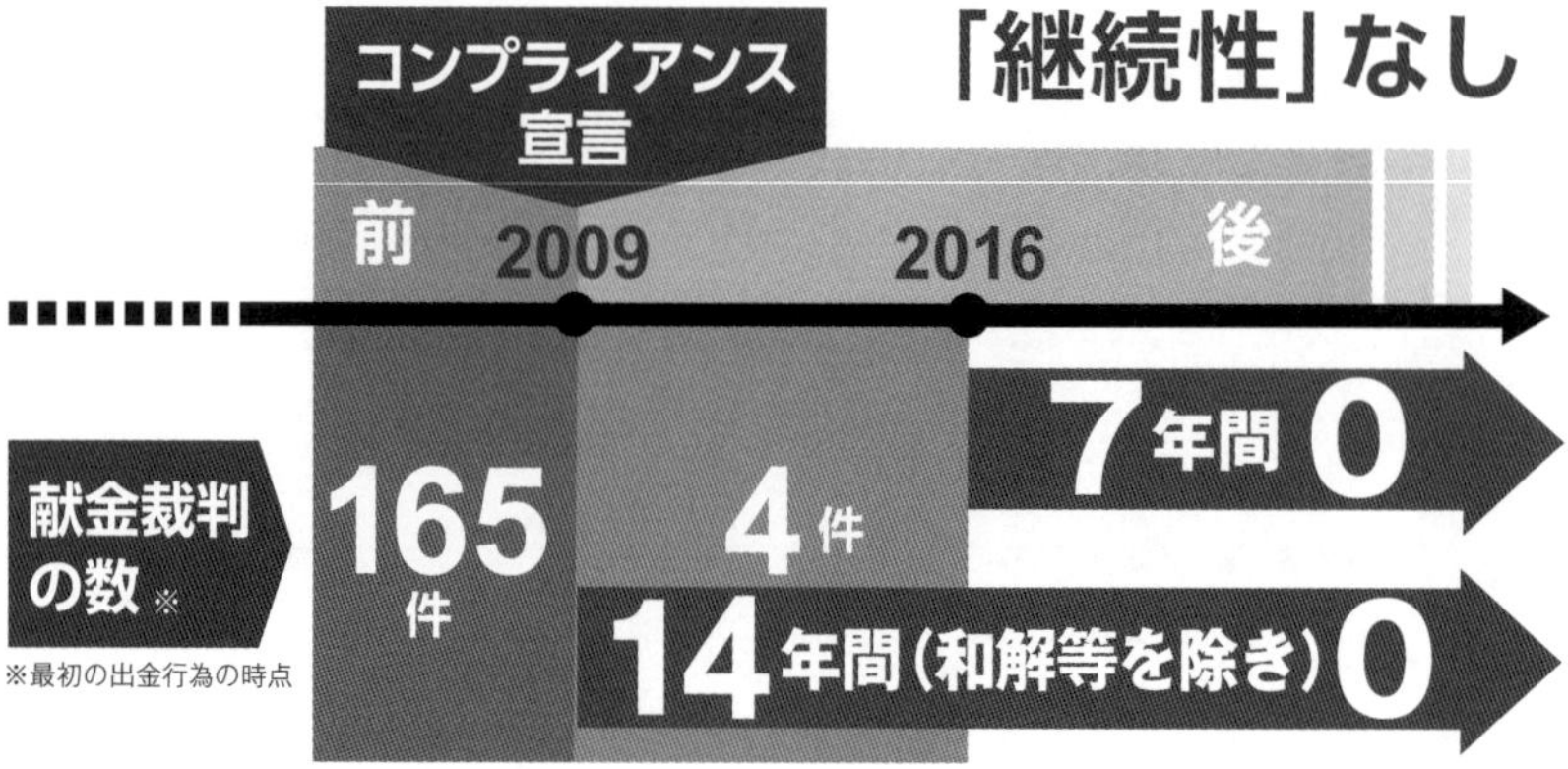

（3）悪質性なし

他のより悪質な宗教法人が解散命令を受けずに多数存続している（9頁からの比較表参照）。しかるに、家庭連合のみ解散命令を受けるのは著しく均衡を欠く。

例えば、念法眞教と法友之会は、教祖が信者へ強姦や集団リンチ殺人をしたために解散命令請求がされ、法友之会の教祖には刑事裁判で実刑判決が下された。しかし、裁判で両法人への解散命令は認められず、両法人は現在も宗教法人として存続している。

また、集団暴行殺人等の多くの刑事事件を犯し、より悪質といえる他の5つの宗教法人（顕正会、法の華三法行ら）に対しては、解散命令請求はおろか、質問権も行使されなかった。

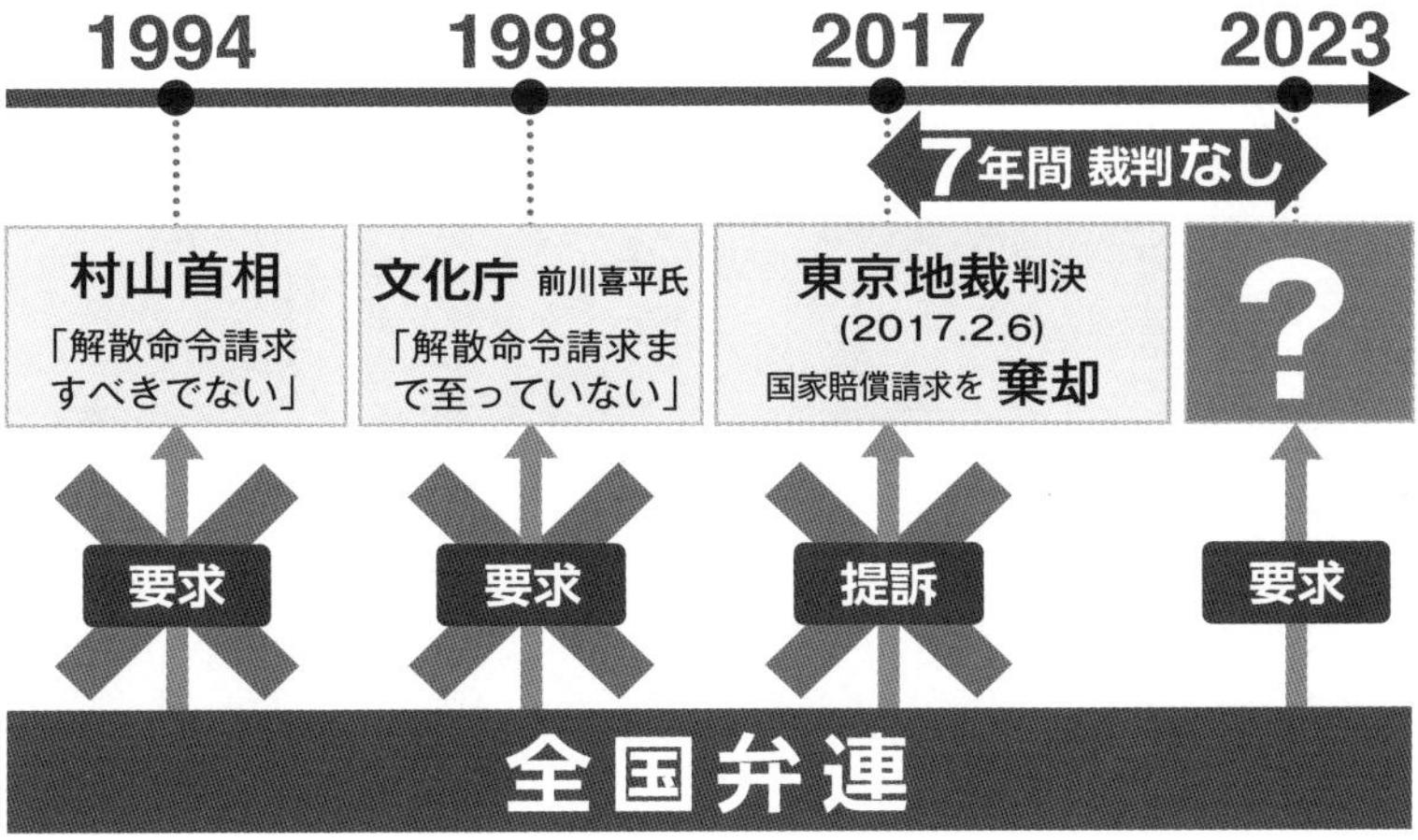

四、過去の対応とのアンバランス

政府・文部科学省（文科省）は、過去30年近くにわたり、現在より家庭連合に不利な状況を認識しつつ、あえて家庭連合に対し「解散命令を請求しない」と判断してきた（１９９４、１９９８、２０１７年）。

そうであるのに、コンプライアンス宣言後に事情を著しく好転させ、過去7年間で民事裁判を一つも受けていない家庭連合に対し、解散命令を請求することはできない。

五、解散命令は被害者救済にならない

解散命令が下ると法人格が消滅するため、被害者救済はかえって困難になる。昨年12月制定の不

当寄附勧誘防止法が水泡に帰することになりかねない。実際、全国霊感商法対策弁護士連絡会（全国弁連）の紀藤正樹弁護士も、平成７年、オウム真理教の解散命令に対しては強く反対していた。

そもそも解散命令は被害者救済を目的としていない。２０１７年２月６日の東京地裁判決も、「個々の取引関係者」の「救済」は解散命令の目的ではなく、「損害の救済は一般の不法行為規範等に委ねられている」と述べている。

＊他の宗教法人との悪質性の比較

他の８つの宗教法人と比較すれば、家庭連合に解散命令請求に値する悪質性があるとはいえない。

Ａ 解散命令請求の裁判を受けた宗教法人

以下の３つの宗教法人は、集団リンチ殺人等の刑事事件を起こし、解散命令請求の裁判を受けた。しかし、解散命令は下されず、現在も宗教法人として存続している。

１	**念法眞教**	１９６１年頃、教祖が多くの女性信者に猥褻行為・強姦を行い、信者を騙して寄付を募り、さらに病人の信者に苦行を強いて死亡させた。
２	**世界救世教**	１９６８年、幹部らが信者に心霊療法を施して死亡させた。１９７６年、理事２名が贈賄容疑で逮捕された。
３	**法友之会**	１９９０年、教祖と信者７名が京都府の海岸で「懺悔《ざんげ》をさせる」と称して信者に暴行を加え、溺死させた。

Ｂ　解散命令請求の裁判を受けていない宗教法人

以下の５つの宗教法人は、集団リンチ殺人等の刑事事件を起こした。しかし、解散命令請求はおろか、質問権の行使も受けず、現在も宗教法人として存続している（法の華三法行のみ破産により解散）。

Ｂ－１　集団リンチ殺人

４	神慈秀明会	１９９５年、悪霊を祓う祈祷行為と称し、元信者の祈祷師が暴行を加え続け、７名を死亡させた（福島悪魔祓い殺人事件――「元」信者のため法人との関係は不明瞭）。
５	紀元会	２００７年、多数信者が共謀し、内部のもめごとを理由に集団で信者に暴行を加え、死亡させた。
６	空海密教大金龍院	２０１２年、信者９名が教義をめぐるトラブルを理由に集団で信者に暴行を加え、死亡させた。

Ｂ－２　多数の刑事事件

７	顕正会	１９９９年以降、現在まで少なくとも12件の刑事事件を起こしている。２００３年、顕正会地区部長が殺人罪で懲役15年の有罪判決を受けた。
８	法の華三法行	２０００年～、教祖福永法源氏ら13名が詐欺容疑で有罪判決を受けた。

これらの内容に基づいて考えれば、家庭連合が解散となる可能性はほとんどないことが明らかです。解散命令の裁判が始まれば、最終的に請求側が敗訴することは目に見えています。

家庭連合をめぐる昨今の様々な動向について、公平な立場で、冷静かつ理知的なご判断をしていただきますよう、お願い申し上げます。

以上

拝啓　岸田文雄首相

家庭連合に、解散請求の要件なし

受任の経緯

私は、世界平和統一家庭連合（旧統一教会、以下「家庭連合」）の改革に第三者的に関わっている弁護士です。まず、私がなぜ「火中の栗を拾う」かのようにこの件を引き受けているかを説明します。私は家庭連合の信者ではありませんし、もともと家庭連合とは縁もゆかりもありませんでした。昨年（２０２２年）夏、日本の友人弁護士から「なかなか引き受け手が見当たらないのだが、家庭連合の仕事ができそうか」と打診があり、引き受けました。評判が良くない団体なので、引き受けることはもちろん躊躇《ちゅうちょ》しました。

暴力団のような明らかな反社会的団体であれば、私は弁護しません。ただ、私は家庭連合が明らかな反社会的団体だとは認識していませんでした。昨年7月、自民党の福田達夫総務会長（当時）が、家庭連合と関係を持つことに「何が悪いのか分からない」と発言しましたが、私も似たような感覚でした。

どんな凶悪犯罪の被告人でも正当な裁判を受ける権利があり、どんな団体にも正当に裁かれる権利があります。弁護士は、いかなる人でも正当な手続で裁かれるという法正義のため、「汚れ仕事」を誇り高く引き受ける職業です。誰かがやらなければならない仕事なら私が引き受けようと思い、批判を覚悟で引き受け、家庭連合の世界本部を代理して第三者的な立場から助言してきました。

ちなみに私の専門は、海外法務・コンプライアンスやインテグリティ（誠意）です。クライアント企業に対して「勇気を出して不正に声を上げましょう」と言っておきながら、ここで私が勇気を出さねば言行不一致で男が廃《すた》ると思い、「自らかえりみて縮《なお》くんば、千万人といえども吾《われ》往《い》かん」の気概で働いています。

宗教ヘイト

受任して１年弱が経《た》ちましたが、家庭連合内部の誰に会っても、いわゆる悪い人は見たことがありません。それなのに、メディアでは反社会的な団体と言われ続けていることが、腑に落ちません。「カルト」などの蔑称を用いて家庭連合を印象批判することが世間では続けられています。しかし、このような宗教的ヘイトスピーチ（宗教ヘイト）は、日本も批准している国際人権B規約20条２項で「差別や敵意をもたらす宗教的憎悪の主張」として固く禁じられています。

このような宗教ヘイトを煽《あお》るようなメディア及びそれに影響されたような政府の姿勢に対し、信教の自由や法正義の観点から義憤を感じています。特に、解散命令の是非は宗教法人法の純粋な法的解釈であるべきなのに、それが政治マターのように扱われていることには、法曹として、強い違和感を禁じ得ません。法治国家であれば、法律に則って解散命令の是非が判断されるべきです。

文部科学省（文科省）は、家庭連合に対して7度も質問権を行使し、解散命令請求の機会を窺《うかが》っているようです。しかし、法律的に見れば、解散命令の要件は全く満たしません。その理由を以下にご説明いたします。

宗教法人法の趣旨

１９５１年に制定された宗教法人法は、宗教迫害をした戦前の反省から、信教の自由を篤《あつ》く保護するために制定されました。そのため、宗教法人に対する所轄の文科省の権限行使は、他の法人に比べ、抑制的であるべきとされています。解散命令を定める同法81条も、「著しく」公共の福祉に反することが「明らかに」認められる行為があって初めて、解散命令が下されると定めています。これは株式会社などの他の法人よりも厳しい解散要件です。このように、他の法人と比べ、宗教法人に対しては、解散命令はそもそも出しにくいのです。

そのため、宗教法人法の制定後72年が経《た》ちますが、解散命令に基づき解散した宗教法人はオウム真理教など二つしかありません。オウム真理教の解散が争われた最高裁判決でも、解散が「必要でやむを得ない」と慎重に判断されました。

オウム真理教の信者は約１０００人だけでした。一方、家庭連合の信者は全国で約60万人に及びます。これらの信者の信教の自由を奪い、解散命令を下すことが本当に「必要でやむを得ない」のか否かを、改めて慎重に吟味していただきたいです。

オウム真理教より悪いのか

岸田首相は、昨年10月の衆議院予算委員会で、解散要件の「法令違反」につき、一夜にして解釈を変えられました。同月18日に、「法令」は「刑法等」に限り、「民法の不法行為は入らない」と述べ、オウム真理教に関する平成7年の東京高等裁判所の限定的な解釈を踏襲しました。

しかし、翌19日、岸田首相は俄《にわか》に見解を変え、「行為の組織性や悪質性、継続性が明らかになる場合は民法の不法行為も入り得る」と述べられました。首相が一日で法令解釈を変えたのは戦後初と言われています。

オウム真理教は、29人を殺害し、約６５００人の被害者を生み、教祖ら１９２名が起訴され、うち13名が死刑になりました。家庭連合とはだいぶ異なります。家庭連合については、信者が経営する会社が特定商取引に関する法律違反に問われた刑事事件が10年以上前に数件あったにすぎません。死者は一人も生じさせていませんし、その約60年の歴史の中で、信者の宗教活動が詐欺・脅迫・監禁等の刑事事件になったことは一度もありません。「霊感商法」が非難されていますが、刑事のみならず、民事でも、詐欺・脅迫に当たるとして信者の行為が取り消されたことはこれまで一回もありません。

このように、オウム真理教と家庭連合を比較すれば、オウム真理教よりも家庭連合に対してより広く解散を認めるような解釈はできないはずです。オウム真理教の場合に「刑事事件だけ」だったのに、なぜ家庭連合の場合に「民事事件を含む」と解釈できるのでしょうか。

判例に反する判断をすれば、憲法に定める信教の自由を侵害します。三権分立や憲法上の裁判所の独立の建前からも、岸田首相に判例解釈を変更する権限はないはずです。

「法令」に民法を含まない

「法令」に民法を含まない点につき、少し法律的な説明を加えます。たしかに、「法令」とは「法律」と「命令」のことですから、この文理解釈だけからすれば、民法も「法令」に含み得ます。しかし、そもそも宗教法人法は、憲法上の信教の自由を保護するために制定されました。そのため、条文解釈にあたっては、信教の自由を保護する方向で解釈すべきことが宗教法人法1条や85条で定められています。

特に、宗教法人の解散は、法人格を消滅させる重大で深刻な行為です。法人が解散しても個々の信者は一応宗教活動を継続できますが、解散により、家庭連合がこれまで獲得してきた礼拝施設・不動産の所有権等の全ての権利が失われます。また、ただでさえ家庭連合に対する批判が強い今、信者は就職できない、いじめられる、結婚できないなどの差別に晒《さら》されています。解散命令の裁判が始まれば、信者はさらに激しい社会的な非難に晒されます。この非難は少なくとも10年は続くでしょう。ですから、解散命令の裁判が開始されることは、信者にとっては「社会的な死」を意味します。

そのためもあり、解散要件の「法令に違反」とは、法人格消滅という制裁にふさわしい、強い社会的非難が向けられる厳格な要件であるべきです。そう考えると、民法はここに含まれません。

具体例で考えてみましょう。刑法１９９条に「人を殺した者は……死刑……に処する」

と書いてあります。だから我々は「人を殺してはいけない」とあらかじめ理解できます。「人を殺す」という行為や結果が明確だからです。宗教法人の解散要件としての「法令」も、このように、何をしたら悪いのかの予測ができるものでなければなりません。そうでなければ、「不意打ち」で憲法上の信教の自由が侵害されてしまうからです。これが、憲法が保障する適正手続の要請です。

ところが、「法令」に民法を含めると、「不意打ち」となってしまいます。民法の条文を見ても、「何が悪いのか」が分からないからです。例えば、不法行為を定める民法７０９条には「故意又は過失によって他人の権利又は法律上保護される利益を侵害した」と書いてあります。これを読んでも、何が禁じられているかは分かりません。民事裁判で争われ、決着するまで数年かかります。つまり、数年経《た》って初めて、不法行為といえるかが判明するのです。このように、刑法と民法は、禁止された行為が予測できるかという点で全く異なります。

政府・文科省は、「組織性・継続性・悪質性」の３要素があれば「法令」に違反すると解釈しているようです。しかし、漠然とした「組織性・継続性・悪質性」だけでは、「どんな行為が非難されるのか」が分かりません。このように、適正手続や明確性という見地からも、「法令」に民法も含むという解釈はできません。

実際、平成になってから制定された会社法や一般社団法人法の解散要件では、「刑罰法令に触れる行為をした場合」に限定しています。宗教法人法は72年前に制定されたままの古い法律のため、「法令」という曖昧な書き方をしてしまっているのです。

「組織性・継続性・悪質性」の3要件を満たさない

以上のように、刑法違反をしていない家庭連合には解散要件の「法令に違反」がないため、解散命令は下せません。

文科省は、家庭連合の不法行為に「組織性・継続性・悪質性」があり、解散の疑いがあるとして質問権を行使していますが、以下のとおり、組織性・悪質性・継続性はいずれもありません。

組織性なし

そもそも、宗教法人法は、解散理由の法令違反を、信者「個人」の違反ではなく「宗教法人」の違反であることを求めています。個人犯罪と法人の解散は別であり、信者個人が犯罪を行っても、宗教法人はすぐに解散にはなりません。どのような場合に宗教法人そのものが法令違反を犯したといえるかというと、組織として犯罪を行った場合です。この「組織性」については、オウム真理教の解散について、東京高等裁判所が「宗教法人の代表役員等が法人の名の下において取得・集積した財産及びこれを基礎に築いた人的・物的組織等を利用してした行為」と定義しました。これが「組織性」の内容です。要するに「幹部が信徒を利用した関係にある」場合に初めて宗教法人が非難されるのです。

　しかし、家庭連合の信者が関わった事件にこのような組織性はありません。幹部が信徒を利用して悪事を働いた事実はないからです。現在の報道でも、「家庭連合の田中会長が信徒を利用して悪事を働いた」などとは全く報じられていません。

　このように、オウム真理教の判例を分析すれば、家庭連合に「組織性」がないとすぐに分かります。さらに分析しますと、過去に家庭連合信者が刑事裁判に問われたのは、２００９年の新世事件だけですが、家庭連合の組織的な責任は認められていません。新世事件では、家庭連合が捜索差押を受けましたが、家庭連合と会社との共謀関係を示す証拠がなかったため、家庭連合職員は誰も起訴されませんでした。裁判所のみならず、捜査当局も家庭連合の組織性を認めることができなかったからでしょう。これらの事件でも、幹部が信徒を利用した関係はないのです。

　また、文科省は、家庭連合が敗訴した民事裁判から「組織性・継続性・悪質性」を認めたいようですが、家庭連合自体の不法行為を認めた二つの裁判例でも、「幹部が信徒の行為を利用した」という組織性は認定されていません。

さらに、文科省は、家庭連合が使用者責任で敗訴した22件の裁判を挙げて組織性を認めようとしています。しかし、調査してみると、この22件の裁判では家庭連合が全部敗訴したわけではなく、実質的に約半数は家庭連合が勝訴しています。各案件の各請求（一つ一つの献金行為、約１０００項目）を分析すると、家庭連合が50パーセントの確率で勝訴しており、総額でも48パーセント勝訴しています。

このように、裁判の約半分では家庭連合に不法行為は認められず、家庭連合が勝訴しています。22の裁判例で、「勝ったり、負けたり」を繰り返し、うち半分は不法行為すら裁判所は認めていません。そうであるのに、負けた半分のみを取り上げて「組織性がある」と非難することは、公平とはいえません。

霊感商法

かつては家庭連合につき、「霊感商法」が問題視されました。これは、信徒が経営する会社が印鑑販売を行った際の販売手法が争われた件です。たしかに、信心深い余り、信者が世間の常識からやや外れた熱心すぎる活動をしてしまったことはあるようです。しかし、家庭連合の組織的な責任は判例で一切認められていません。殊に、２００９年に家庭連合が過去の反省から「コンプライアンス宣言」を発した後には、先祖の因縁や霊能力の強調、過度な献金を戒めるなどして、世間の常識に寄り添った活動をするように努めています。

私が見た限り、「こんなしっかりした宗教団体はあるのか」と思うくらい、コンプライアンスが浸透しているようです。実際、２００９年以降に行われた献金に関しては4つしか裁判が提訴されていませんし、特に最近の7年間は、一つも裁判は提訴されていません。昨年12月に不当寄附勧誘防止法ができましたが、過去7年間の献金について一つも裁判を提訴されていない状況で、この法律がどれほど効果的かは正直、疑問です。

高額献金

信徒から高額な献金を受領した事案でも、家庭連合が組織的に不法なことをしたとは認定できません。たしかに、各教会や信者同士で献金額を競い合うような雰囲気になってしまうこともあったようです。ただ、目標を達成できない信者に家庭連合が制裁や不利益を課しているわけではありません。ですから、献金目標額を「ノルマ」として家庭連合が設定しているとはいえませんし、家庭連合が強制により高額な献金を強いた事実は確認できません。

殊に、２００９年のコンプライアンス宣言後は、高額献金を強制できないような人事評価上の仕組みを構築したり、高額献金を受領する際の確認手続を厳格にしたりしているため、今後は高額献金でトラブルになることはないと思います。

なお、全国統一教会被害対策弁護団が、今年7月末、献金の返還を求めて民事調停を申し立てました。訴訟ではなく調停を選択したのは、訴訟に耐え得る証拠が揃《そろ》わないからではと思っています。

過度の献金が家庭を崩壊させるようなことが、まだ一般には危惧されているようです。しかし、安倍元首相を殺害した山上徹也被告の家庭事情についても、そもそもどれくらい家庭連合に責任があるかはまだ不明であり、刑事裁判の帰趨を待って冷静に論じられなければなりません。

宗教二世の問題

「宗教二世」として二世信者の扱いが話題となりました。家庭連合も、「家庭」という言葉を冠しておきながら、各家庭に対する配慮が不十分な部分があったようで、その点を今は重点的に改革しています。親が自分の宗教的信念に基づき子供を教育することは国際人権B規約18条4項で認められているとはいえ、家庭連合の最大の課題は、熱心な一世信者の信心深さに対して、その子供の二世信者がどう折り合いを付けるかだと思います。

この課題について少し踏み込みますと、家庭連合は、「統一原理」という教義が学問的な色彩を帯びているせいか、他の宗教と比べ、教義に対する求心力・磁力が強いようです。私から見ると、その信心深さは、特に２００９年のコンプライアンス宣言前は、「原液が濃すぎた」かのように表現できる場面も見受けられます。ただ、原液が濃いとはいっても、２００９年のコンプライアンス宣言後は、過度な高額献金をさせないような仕組みをがっちり構築していることなどから、信仰の篤《あつ》さが社会との軋轢《あつれき》を生んでいるとは思いません。むしろ、社会との調和に向けて、涙ぐましいほどの努力をしている団体です。この実態が報道されないことは残念でなりません。

いずれにせよ、これからは、一世信者が持つ信仰の篤さを二世信者の価値観とすり合わせるために、対話の機会を増やしていくことが大事だと思います。

なお、家庭連合の献金は、収入の10分の1を献金するキリスト教の伝統に由来します。聖書に「富んでいる者が神の国にはいるよりは、らくだが針の穴を通る方が、もっとやさしい」(マルコによる福音書第10章25節)という有名な一節があります。欧米で寄付が活発なのも、この聖書の教えに基づいています。キリスト教があまり広まっていない日本では、この聖書に基づく献金に対しても、なかなか理解され難いようです。

継続性なし

家庭連合が継続的に悪いことをしているともいえません。２００９年にコンプライアンス宣言を出して以降、家庭連合を被告とする民事裁判は激減しました。殊に、最近約７年の献金につき、１件も民事裁判が提訴されていないことは特筆されるべきです。

２００９年のコンプライアンス宣言前後で比べると、献金裁判の数は約40分の１に激減しています。使用者責任の敗訴金額で見ると、99・７パーセントがコンプライアンス宣言以前の行為についてです。割合で言えば、２００９年のコンプライアンス宣言後、敗訴金額は約３００分の１に激減しました。

このように、コンプライアンス宣言後に体制を整え、献金裁判の数を40分の１に、敗訴額を約３００分の１にそれぞれ激減させ、過去10年くらいで民事も刑事も裁判を起こされていない家庭連合に対し、「継続的に悪質なことをしている」と矛を向けることはできないはずです。

家庭連合信者の拉《ら》致《ち》監禁

家庭連合に対する裁判が減ったことには理由があります。反家庭連合勢力が、「脱会屋」と呼ばれる業者に依頼して信者を拉致・監禁し、強制的に脱会させ、「脱会したなら家庭

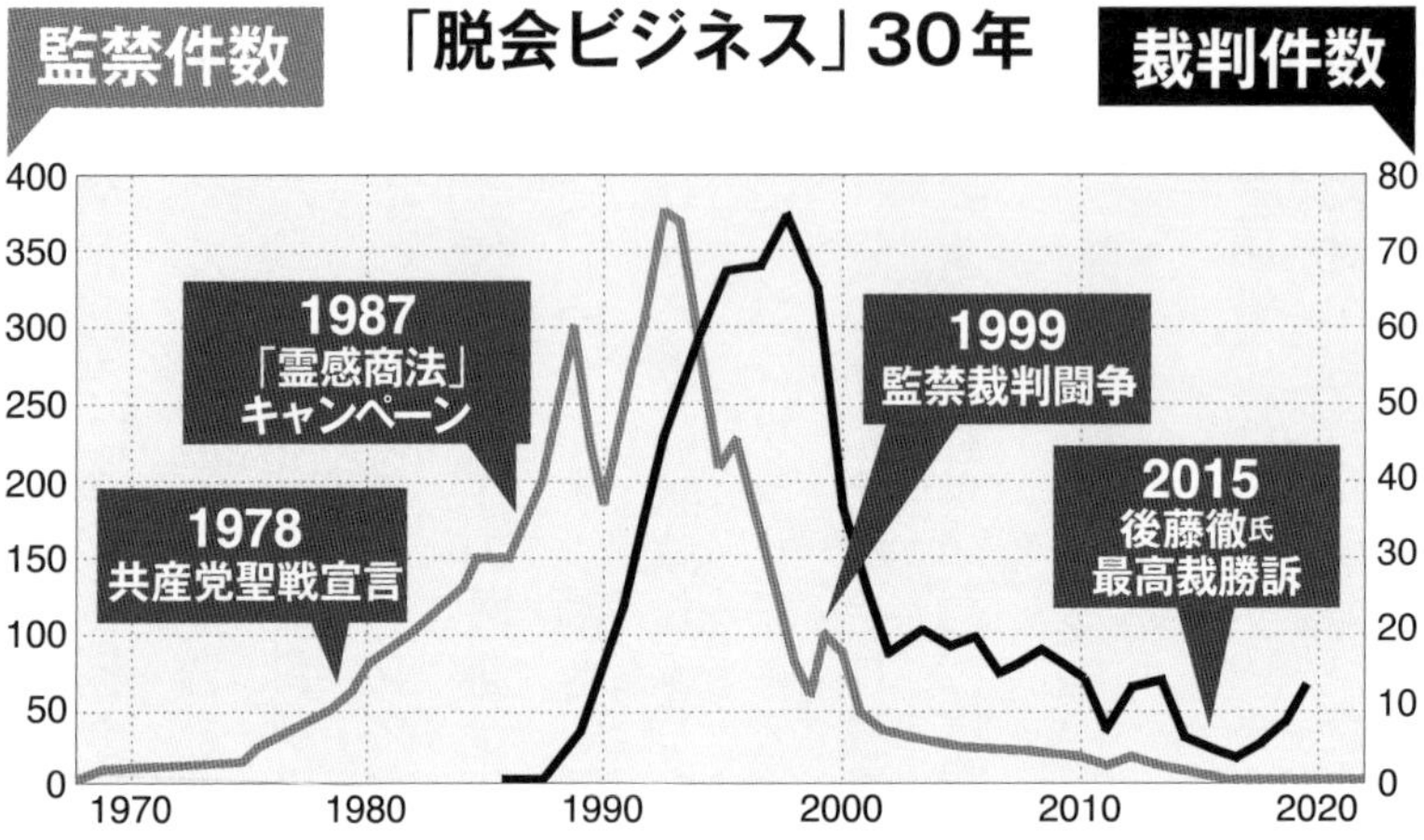

出典：家庭連合法務局

連合を被告にして訴えろ」と「踏み絵」をするように提訴させることが30年間近く行われてきました。

　これは「脱会ビジネス」と呼ばれ、拉《ら》致《ち》監禁被害者は４３００人を超えるようです。その「拉致監禁→裁判」という構図を、グラフで表すと上記のようになります。

　例えば、信者の後藤徹氏は、12年半も監禁され、脱会屋を訴えて２０１５年に最高裁で勝訴し、２２００万円の賠償額を勝ち取りました。このように、家庭連合が脱会屋に対して勝訴して拉致監禁がなくなったため、「踏み絵」のように提訴される家庭連合に対する裁判もなくなったのです。この拉致監禁とそれに関わっていたとされる全国霊感商法対策弁護士連絡会（全国弁連）

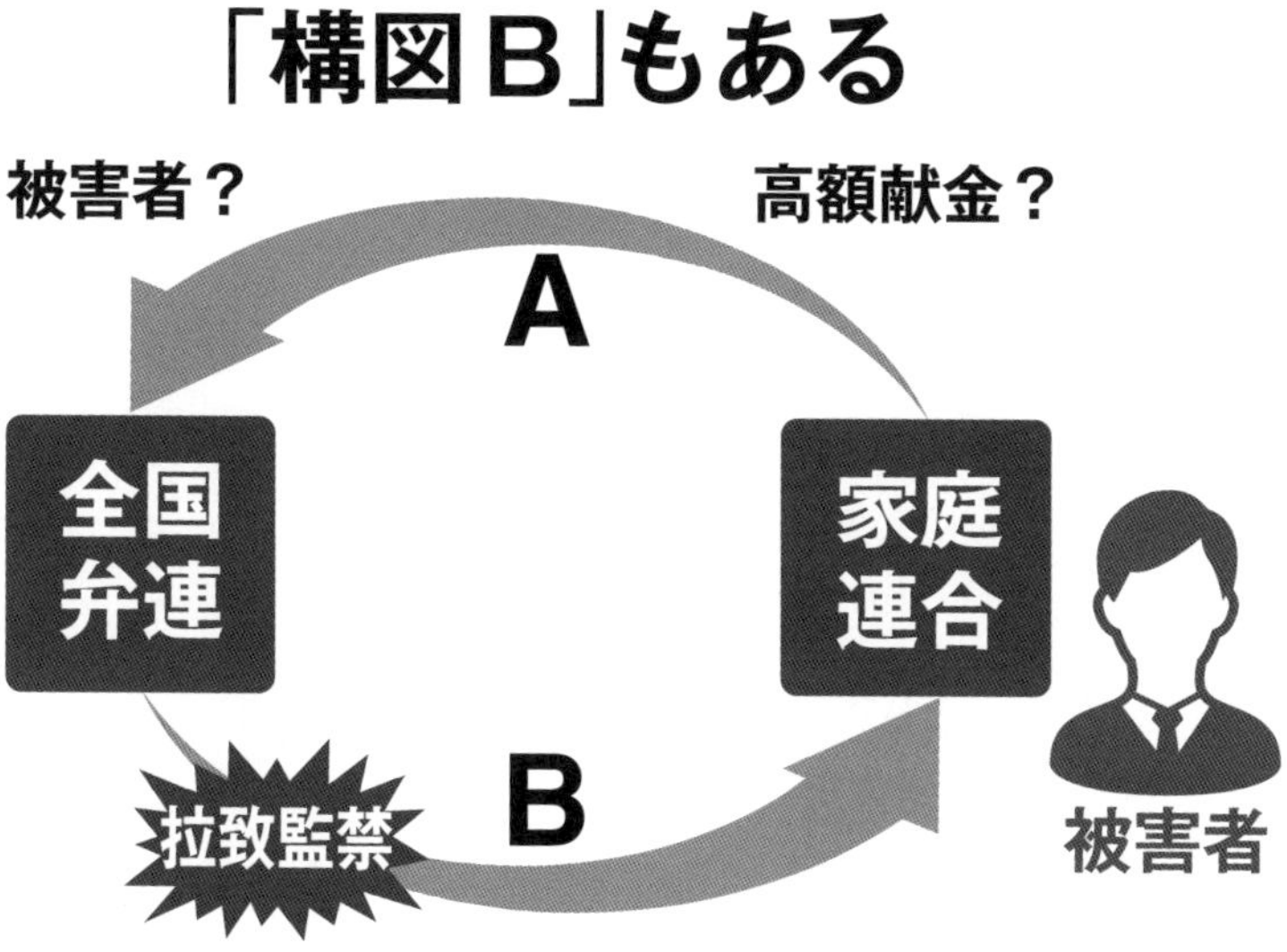

の関係については、山上徹也被告が安倍元首相殺害の前日に手紙を送ったジャーナリスト・米本和広氏が著した『我らの不快な隣人』（情報センター出版局）に詳しく描かれています。

メディアでは、「家庭連合が加害者で、高額献金の被害を生じさせている」という「構図A」ばかりが報じられています。しかし、その裏では、「全国弁連が絡んだ拉致監禁の被害を家庭連合が受けてきた」という「構図B」もあるのです。岸田首相や永岡文科大臣にも、この両方の構図を虚心坦懐にご覧になっていただきたいと思います。

悪質性なし

文科省は、使用者責任を理由に家庭連合が敗訴した22件の民事裁判例で、計14億円も敗訴したから家庭連合に悪質性があるとしています。しかし、私が分析したところ、家庭連合の敗訴部分は約11億円で、一つの裁判の中でも献金の返還が認められたり、認められなかったりしています。家庭連合は、裁判全体で約半分の48パーセントは勝訴しており、勝訴部分も約11億円です。半分の献金については、裁判所は家庭連合の不法行為責任（使用者責任）を認めなかったのです。

このように、勝ち負け半分ずつの裁判を繰り返し、現実に11億円程度も勝訴した家庭連合に対し、負けた部分のみを取り上げて悪質性を認定するのは、公平性に欠けます。

なお、家庭連合の教義や勧誘が「マインド・コントロール」だとも批判されています。しかし、マインド・コントロールはそもそも定義が曖昧ですし、人間を変えるような効果がないことは海外の研究でも統計的に明らかになっています。日本の裁判でも、20年以上前から争われていますが、マインド・コントロールによる責任が正面から認められた裁判は一つもありません。

他の宗教との悪質性の比較

他の宗教と比較しても、家庭連合に解散命令が下るほどの悪質性があるとは思えません。かつて解散命令が出されたオウム真理教や明覚寺では、教祖が殺人や詐欺で実刑判決を受けています。幹部が刑事事件も詐欺事件も起こしていない家庭連合とは比較になりません。その他、信者や元信者が集団リンチ殺人事件を起こしたのに、解散せずに現在も存続している宗教法人が６法人もあります。念法眞教、世界救世教、法友之会、紀元会、空海密教大金龍院、神慈秀明会です。特に念法眞教等、最初の３つの宗教法人に対しては、集団リンチ殺害等を理由に解散命令請求裁判が行われましたが、裁判所は結局、解散を認めませんでした。集団リンチをして信者を殺した宗教団体が解散とならないのに、家庭連合が解散されるべき宗教団体だとは思えません。

また、教祖等が組織ぐるみで詐欺事件を起こした法の華三法行や、１９９９年以降、12件の刑事事件を引き起こし、２００３年には地区部長に殺人罪で懲役15年の有罪判決が下った顕正会に対しても、政府は質問権も行使せず、解散命令も請求していません。

これらの宗教団体と比較すれば、家庭連合が解散となる可能性はほとんどないことがお分かりになると思います。解散命令請求裁判が始まれば、最終的に政府が敗訴することは明らかでしょう。岸田政権が万一、解散命令の裁判を始めれば、「負けて当たり前の宗教迫害裁判を始めて、税金の無駄遣いをした」政府として、歴史に汚点を残すことになると思います。

解散命令請求を出さなかった過去

実際、政府はこれまで約30年、全国弁連から再三にわたり解散命令請求の要望を受けてきたにもかかわらず、家庭連合に対して質問権を行使せず、解散命令も請求してきませんでした。

具体的には、１９９４年には村山富一首相（当時）が、１９９８年には文化庁が、裁判例などを分析した上で、「解散命令の請求はできない」と明確に判断してきました。

２０１２年には、全国弁連が、家庭連合に文科省が質問権を行使せず解散命令請求もしないことは違法と主張して、国家賠償請求訴訟を起こしました。しかし、東京地方裁判所は、質問権や解散命令請求をしないことは文科省の裁量の範囲内だとして、２０１７年2月に全国弁連の請求を棄却しました。

それから現在まで6年半経《た》っていますが、家庭連合に対して献金に関する裁判は一つも提訴されていません。つまり、過去30年間、解散命令を退け、コンプライアンス宣言後にさらに組織を改善させてきた家庭連合に対して、今さら解散命令請求をできるわけがないことは、ご理解いただけると思います。

解散命令は被害者救済にならない

この２０１７年2月の東京地裁の判決は、「個々の取引関係者」の「救済」は解散命令の目的ではなく、「損害の救済は一般の不法行為規範等に委ねられている」と述べました。そもそも解散命令は、個々の被害者救済を目的としていないということです。つまり、山上家や小川さゆり（仮称）氏の家庭のような個々人の救済は、不法行為で論じられるべきであり、宗教法人の法人格を失わせるか否かという問題とは別個に考えられるべきと判示しているのです。

また、法人が解散すると被害賠償も難しくなりますから、被害者を救うためには、法人を解散させるのではなく、むしろ存続させた方がいいのです。国会は、昨年12月に不当寄附勧誘防止法を成立させましたが、新しい法律を成立させつつ解散命令請求をするのは、自らの首を絞める自殺行為といえます。

実際、全国弁連の紀藤正樹弁護士も、かつてはオウム真理教の解散はしない方がいいと述べていました。なぜ「オウム真理教は解散しない方がいいのに、家庭連合は解散すべき」なのでしょうか。

消費者庁データによれば、霊感商法の２０２１年の被害相談のうち、家庭連合に関するものはわずか１・９パーセントでした。残り98・１パーセントは他の団体に関する霊感商法です。しかし、全国弁連は、他の98パーセントの団体には目もくれず、ホームページでは家庭連合のことばかりを攻撃しています。「全国霊感商法対策弁護士連絡会」という名を冠していながら、反家庭連合の活動しかしていない全国弁連には、党派性・政治目的があると感じています。

家庭連合への名称変更

２０１５年に統一教会から家庭連合に名称変更したことが、政治家をコネで動かしたなどと批判されています。この件は、法律的に見ると批判には値しません。宗教法人の名称を決定するのは信教の自由の一環であり、本来的に、届出によりすぐ変更できるものだからです。

これは国際的な比較からも明らかです。すなわち、１９９７年、家庭を重視する家庭連合総裁（当時）の文鮮明《ムンソンミョン》氏が、全世界で「世界平和統一家庭連合」に名称変更するように指示しました。これを受け、数年後に世界97か国で家庭連合への名称変更が完了しました。

しかし、日本だけ、文科省への届出が受理されず、他国に12年も遅れてようやく変更さ

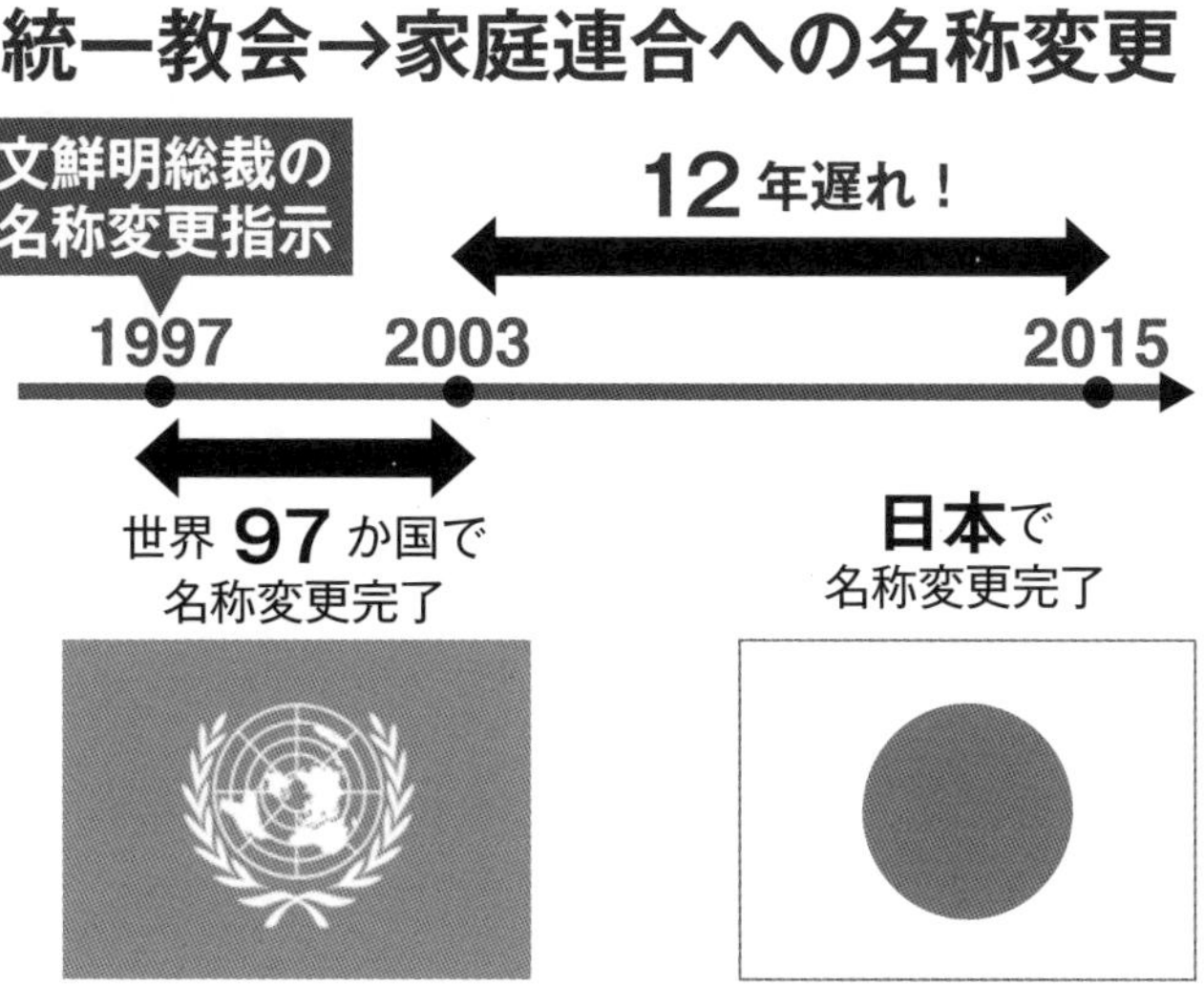

れたのです。国際的に見ると、日本だけが差別的な措置を受けていたといえます。

岸田首相の危うい法律解釈

岸田首相は、昨年11月の国会で、信者が家庭連合に対して損害賠償請求をしないという念書（合意書）を作成したり、そのシーンのビデオテープを作成したりすること自体が、勧誘の違法性を基礎づけると発言されました。この見解は、消費者庁も不当寄附勧誘防止法の説明で踏襲してしまいました。

しかし、弁護士として言わせていただきますと、当事者の意思を確認し、将来の紛争を未然に予防するために、合意書を作成したり、録音やビデオを撮ったりすることは、当然の行為として日常茶飯事で行われています。ビデオを撮ったら違法が推定されるのであれば、刑事捜査の取調べの可視化も、違法に近づいてしまいます。

岸田首相が「違法性を基礎づける」と言った念書については、昨年や一昨年の民事裁判でも、法的に有効と判断されています。岸田首相がこれらの判例を顧みないご発言をされていることから、総理の周りには冷静に判例を分析して助言される方がいらっしゃらないのだと思います。

日本国民として

このように、岸田首相が、一夜にして法令解釈を変えたり、判例を無視したご発言をされたりしていることを、弁護士としてのみならず、僭越《せんえつ》ながら、一日本国民として恥ずかしく思ってしまいます。

これまで述べましたように、過去の事例との比較などからして、家庭連合に解散命令を下すことができないのは明らかと思います。それなのに、７度も質問権を行使して、家庭連合信者をいわば「生殺し」のようにしている現状は、憲法上の信教の自由を犯す大きな宗教迫害といえます。実際、アメリカ国務省や欧州の人権活動家などから、国際的に強い批判が向けられています。

日本は、世界に誇れる民主主義国家として、信教の自由を大切にする国家でなければなりません。岸田首相におかれましては、一方当事者の言い分のみに耳を傾けるのではなく、判例や本書面で指摘させていただいた事項などを踏まえ、冷静かつ理知的なご判断をしていただきたいです。

以上

著者

中《なか》山《やま》達《たつ》樹《き》

1998 年東京大学法学部卒業。2005 年弁護士登録、2010 年シンガポール国立大学ロースクール修了。シンガポール法律事務所での国際弁護士を経て、2015 年中山国際法律事務所を開設。2016 年公認不正検査士、リー・クアンユー公共政策大学院、シンギュラリティ大学留学を経て、2022 年経営倫理士。全世界 1,500 人の国際弁護士団体（Inter-Pacific Bar Association、環太平洋法曹協会）で役員等の要職を歴任。

主著は『グローバル・ガバナンス・コンプライアンス』『インテグリティ』（いずれも中央経済社）で、近著に『英語交渉術』（平成出版）等。講演実績多数。インテグリティ・エバンジェリストとして、企業文化に高潔さ・誠実さを組み込むことを得意としている。

拝啓 岸田文雄首相

家庭連合に、解散請求の要件なし

2023 年 8 月 16 日　初版第 1 刷発行

著　者　中山達樹

発　行　株式会社 光言社

〒 150-0042　東京都渋谷区宇田川町 37-18

https://www.kogensha.jp

ISBN978-4-87656-225-1

2010000163450

乱丁・落丁本はお取り替えいたします。

本書に対するお客様のご意見・ご感想をお聞かせください。

今後の出版企画の参考にさせていただきます。

感想はこちら→